Niko Switek

Borgen

Gefährliche Seilschaften

Inhaltsverzeichnis

Dänische Erfolgsserie

Die Fernsehserie *Borgen* ist eine Produktion des dänischen öffentlich-rechtlichen Senders DR1 (Autoren Adam Price, Jeppe Gjervig Gram und Tobias Lindholm), die ersten drei Staffeln liefen in Dänemark von 2010 bis 2013. Die Serie erlangte in der Folge globale Bekanntheit und gilt als eine der erfolgreichsten dänischen Fernsehproduktionen überhaupt – sie gewann mehrere renommierte internationale Preise. *Borgen* wird weltweit als gelungenes Beispiel für das dramatische und unterhaltsame Geschichtenerzählen über das Geschehen in Parteien, im Parlament, in Regierung und Medien gelobt – gerade vor dem Hintergrund der in der Serie spürbaren skandinavischen politischen Kultur. Hauptfigur ist die aufstrebende Politikerin Birgitte Nyborg (gespielt von Sidse Babett Knudsen), die als Vorsitzende der *Moderaten*-Partei in der zweiten Folge der ersten Staffel erste weibliche Regierungschefin Dänemarks wird (nur ein Jahr nach der Ausstrahlung der ersten Staffel holte die Realität die Serie ein, als die Wählerinnen und Wähler Helle Thorning-Schmidt zur ersten dänischen Ministerpräsidentin machten). Der titelgebende Name *Borgen* steht für das Schloss Christiansborg in der Mitte der dänischen Hauptstadt Kopenhagen, in dem sich (in echt wie in der Serie) der Sitz des Parlaments befindet.

Die anhaltende Popularität war ein Grund dafür, dass DR1 gemeinsam mit der Internet-Streaming-Plattform Netflix in 2022 eine vierte Staffel »Macht und Ruhm« vorlegte. In dieser Staffel konkurriert Nyborg nun allerdings als Außenministerin gegen eine jüngere und beliebtere Premierministerin und kämpft gegen ihren eigenen Abstieg. Die Staffel greift dabei aktuelle Themen der Zeit auf: ein drohender geopolitischer Konflikt zwischen den USA und Russland um Öl-Funde in

Wikipedia, Pcb21

Ilulissat in Grönland ist einer der Drehorte der dänischen Serie.

Grönland; die Frage der klimapolitischen Konsequenzen der Ausbeutung der neu entdeckten Felder; sowie die Stellung der indigenen Bevölkerung in Grönland im dänischen Staatsgefüge.

Dem deutschen Publikum ist die Serie letztlich etwas näher als beliebte US-Politik-Fernsehserien wie *West Wing* oder *House of Cards*, da die politischen Rahmenbedingungen in *Borgen* stärker denen in Deutschland gleichen: Im Parlament sind mehrere relevante Parteien vertreten, darunter Sozialdemokraten, Konservative, Liberale und Grüne, die Regierungsbildung erfordert Sondierungen und Verhandlungen und die gebildete Koalition ist – wie in parlamentarischen Regierungssystemen üblich – auf eine Mehrheit im Parlament angewiesen. Auch die in der Serie verhandelten Themen sind in Deutschland nicht fremd, wenn es beispielsweise um Zuwanderungspolitik, Auslandseinsätze der Armee, Rentenkürzungen, Reformen des Gesundheitssystems oder die Einführung einer Frauenquote für Unternehmen geht.

Dänemark als konstitutionelle Monarchie und parlamentarisches Regierungssystem

Das politische System Dänemarks entspricht in seinem Aufbau einer parlamentarischen Monarchie, bei welcher die Königin oder der König als Staatsoberhaupt auf repräsentative und staatsnotarielle Aufgaben reduziert ist. Das *Folketing*, das dänische Parlament, verkörpert die gesetzgebende Gewalt. Dessen 179 Abgeordnete werden in einer Verhältniswahl für eine Legislaturperiode von vier Jahren gewählt. Es gibt eine Sperrklausel, unterhalb derer Wählergruppen und Parteien bei der Sitzzuteilung nicht einbezogen werden – allerdings ist diese weniger strikt als die Fünfprozent-Hürde in Deutschland. Nach der Wahl 2022 waren 12 verschiedene Parteien im (echten) Parlament vertreten (plus 4 Abgeordnete für die Gebiete Faröer und Grönland, denen ein besonderer Status zukommt) – im europäischen Vergleich ist das eine durchaus hohe Zahl. Da Dänemark nicht als Föderalstaat aufgebaut ist, existiert keine zweite legislative Kammer als Vertretung der Länder (wie beispielsweise der deutsche Bundesrat als Verfassungsorgan zur Vertretung der Bundesländer auf nationaler Ebene). Das Parlament verabschiedet Gesetze und wählt und kontrolliert die Regierung. An der Spitze der Regierung stehen Ministerpräsidentin oder Ministerpräsident (auf dänisch *statsminister*), alternativ auch als Premierminister/Premierministerin bezeichnet, gemeinsam mit den Ministerinnen und Ministern mit ihren jeweiligen Ressorts bilden sie oder er das Kabinett.

Interessant ist die Rolle des dänischen Monarchen, der nach der Wahl das Mandat zur Regierungsbildung erteilt

Wikipedia, Julian Herzog

Das Schloss Christiansbourg in Kopenhagen versammelt das oberste Gericht, das Parlament, den Sitz des Ministerpräsidenten und die Empfangsräume des Königshauses an einem Ort.

und nach den Konsultationen der Parteien Regierungschef oder -chefin ernennt. In Deutschland steigen die Parteien hingegen selbstständig in Verhandlungen zur Koalitionsbildung ein, an dessen Ende die Wahl der Kanzlerin/des Kanzlers im Bundestag steht. Zugleich existiert in Dänemark keine aktive Wahl der neuen Regierung. Entsprechend ist Voraussetzung für eine Regierungsbildung, dass keine gemeinsame oder offensichtliche Mehrheit im Parlament gegen eine neu-gebildete Regierung existiert. Eine Regierung amtiert solange, bis ihr das Misstrauen durch eine Gegenmehrheit ausgesprochen wird oder es zu regulären Neuwahlen kommt.

Die Fragmentierung, d.h. die hohe Zahl von Parteien im Parlament, ist keine neue Entwicklung: So konnte bereits seit Beginn des 20. Jahrhunderts keine einzelne Partei im *Folketing* eine absolute Mehrheit erringen. Als eine Konsequenz sind Koalitionsregierungen als Zweckbündnisse von Parteien auf Zeit in Dänemark die Norm. Diese gibt es gegebenenfalls auch in Form von Minderheitsregierungen, die über keine feste Mehrheit im Parlament verfügen und sich je nach Vorhaben Mehrheiten suchen müssen. Seit 1945 haben Regierungskoalitionen nur sieben Jahre lang über eine eigene Mehrheit verfügt. Entsprechend dominiert eine politische Kultur, die Verhandlungen, Konsens und Kompromisse betont. Das gilt nicht nur für Dänemark, sondern gestaltet sich in anderen skandinavischen Staaten ähnlich. Eine Besonderheit von Minderheitsregierungen ist es, dass der Fraktionsdisziplin (alle Abgeordneten einer Partei stimmen gemeinsam ab) im Parlament größere Bedeutung zukommt, da der oder die einzelne Abgeordnete in besonderem Maße für die Herstellung einer Mehrheit benötigt wird. Abweichlerinnen und Abweichler gefährden leichter die Regierungsmehrheit und -stabilität. In der Serie spielt dies etwa in der dritten Folge der ersten Staffel eine Rolle, als zwei Abgeordnete der Arbeiterpartei ihre Zustimmung zum Haushalt verweigern und für ihr Ja Zugeständnisse erzwingen wollen.

Das in der Serie abgebildete Parteiensystem orientiert sich stark an der tatsächlichen dänischen Parteienlandschaft und die Parteienfamilien finden sich so auch in den meisten europäischen Ländern wieder. Die *Socialdemokraterne*, denen in der Serie die *Arbeiterpartei* entspricht, ist in allen skandinavischen Ländern zentraler Akteur und Traditionspartei. Sie verstehen sich als Vertretung der Arbeiterklasse und sind in der Regel eng mit Gewerkschaften verbunden. Sie waren treibende Kraft bei der Gestaltung des Wohlfahrtstaates in seiner skandinavischen Ausprägung. Wie in anderen europäischen Ländern kämpfen sie mit einem Verlust ihrer dominanten Position und einem schleichenden Bedeutungsverlust. Die Partei *Die Liberalen* stellt in der Serie anfangs den Premierminister, sie entspricht dem *Venstre*, der ältesten Partei in Dänemark mit einer konservativ-liberal Ausrichtung. Das Vorbild für Birgitte Nyborgs *Moderaten* ist *Det Radikale Venstre*. Die zu Beginn des 20. Jahrhunderts gegründete Partei versucht einen mittigen Balanceakt zwischen sozialer Gerechtigkeit und Marktwirtschaft und macht sich zudem für den Umweltschutz stark. Im linken Parteienspektrum finden sich in der Serie die Milieupartei (eine Grüne Partei) mit einem klaren Fokus auf Umweltschutz, aber auch auf Migration und Integration, sowie die *Solidarische Sammlung* als linke, sozialistische Splitterpartei. Rechts im Parteiensystem finden sich in der Serie die *Neuen Konservativen* als natürlicher Bündnispartner der Liberalen sowie die rechtspopulistische *Freiheitspartei*. Letztere ist an die *Dansk Folkeparti* angelehnt, äußert sich teilweise fremdenfeindlich und vertritt einen nationalistischen Kurs der Abschottung.

Die Konzeption der Serie erfolgte unter Heranziehung von Expertinnen und Experten aus der politischen Praxis mit dem Ziel, den Rahmen für die fiktiven Erzählungen möglichst realitätsgetreu abzubilden. Tatsächlich zeigen wissenschaftliche Analysen, dass die Repräsentation von Politik in der Serie *Borgen* an Qualität und Themensetzung regulärer Nachrichten- oder Politik-Sendungen heranreicht. Teilweise griffen politischen Akteurinnen und Akteuren in Dänemark die Themen einzelner Folgen im Nachgang strategisch auf, da für diese nun gerade Aufmerksamkeit bei der Bevölkerung geweckt war. Auch deswegen wird die Serie oder einzelne Clips häufig und gerne von Lehrenden im Politikunterricht eingesetzt. An ihr lassen sich gut parlamentarische Abläufe verdeutlichen und auch die angesprochenen Themen bilden die Muster politischer Diskussionen in europäischen Staaten ab.

Moralischer Kompass und Wille zur Macht

Ein zentrales Thema von *Borgen* ist die Spannung zwischen den moralischen Überzeugungen von Politikerinnen und Politikern und ihren politischen Zielen auf der einen sowie den Sachzwängen der politischen Auseinandersetzung auf der anderen Seite. Oder anders gefasst, der Unterschied zwischen Idealismus und Realismus in der Politik. Gerade die Hauptfigur Nyborg verkörpert diese Spannung, sie findet sich im Laufe der Serie regelmäßig in Dilemma-Situationen wieder, in denen sie zwischen unvereinbar scheinenden Zielen wählen muss.

Exemplarisch findet sich das direkt zu Beginn der Serie, als sich Nyborg in der ersten Folge weigert, eine über informelle Kanäle erhaltene Information zu einem möglichen Veruntreuungsskandal des Premierministers zu nutzen. Dabei ist klar, dass dieses der Partei des Premierministers schaden und ihrer eigenen Partei im Wahlkampf helfen würde. Die Zuschauerinnen und Zuschauer kennen den Hintergrund und wissen darum, dass es sich um eine ambivalent zu bewertenden Situation handelt. Als ihr Berater und Spindoktor Kaspar Juul (gespielt von Pilou Asbæk) gegen ihren Willen die Information weitergibt, so dass sie am Ende in der Öffentlichkeit landet, profitiert Nyborg tatsächlich davon – allerdings entlässt sie Juul in ihrem Ärger über den Vertrauensbruch. Letztlich verändert sich durch das Durchstechen der Information die Dynamik der Wahl, so dass Nyborg dadurch ein Pfad zum Amt der Regierungschefin geebnet wird (und sie holt Juul später wieder als Berater zurück).

Die Serie präsentiert dem Publikum in einem fiktiven Setting überzeugend die verzwickten Situationen politischer

Entscheiderinnen und Entscheider, die ihre Ziele stets mit den Möglichkeiten abgleichen müssen, die ihnen die Regeln des politischen Systems und des politischen Wettbewerbs vorgeben. Einerseits lässt sich das kritisch als Aufgeben oder Aufweichen von Idealen und Prinzipien kritisieren. Andererseits verdeutlichen die in der Serie erzählten Geschichten, dass man mit einer ausschließlichen Priorität auf den inhaltlichen Zielen und ohne Verhandlungs- und Kompromissbereitschaft gar nicht erst in die Situation kommt, diese Politikinhalte auch umsetzen und verwirklichen zu können. Das oben erwähnte Beispiel der Veruntreuung betrifft eher den Graubereich der Politik, aber das Motiv taucht in vielen Facetten auf, wenn es um Arbeitsplätze gegen Gleichberechtigung oder Rohstoffgewinnung gegen Umweltschutz geht.

Zugleich wird in der Serie die Härte des politischen Geschäfts abgebildet, in welcher Fehler nicht verziehen und von den Gegnerinnen und Gegnern ausgenutzt werden. Die Macht der Regierung ist nur auf Zeit vergeben. Die Regierung steht unter Druck der Opposition, die auf ihre eigene Chance zum Regieren wartet. Ebenso beobachten die Medien kritisch die Politik insgesamt, entsprechend ihrer Funktion als Korrektiv der Macht und vierte Gewalt im Staat. Sie hinterfragen Entscheidungen und offizielle Statements und suchen nach Fällen des Ausnutzens von Privilegien oder undemokratischen Hinterzimmer-Absprachen. Schlechte Presse schwächt die Stellung einer Regierung, beeinflusst Umfragen und verschlechtert die Chancen für die nächste Wahl, die stets am Horizont wartet. Das bildet trefflich ab, wie eine Regierung in einer Demokratie an Präferenzen und Wünschen der Bevölkerung zurückgebunden bleibt. Bei zu hohem öffentlichen Widerstand modifiziert eine Regierung in der Regel ihren Kurs, da sie ansonsten eine Niederlage bei der nächsten Wahl befürchten muss.

Die Serie setzt die Spannung zwischen eigenen programmatischen Zielen und moralischen Vorstellungen auf der einen und den Sachzwängen der Mehrheitsbildung auf der anderen Seite in der Person der idealistischen Newcomerin Nyborg erzählerisch gekonnt um. Ihre Haltung wird vor allem im ersten TV-Duell sichtbar, indem sie spontan von einer von ihrem Spindoktor Juul vorbereiteten taktischen Rede abweicht und stattdessen ein emotionales, authentisches Statement vorträgt: Ihre Ausführungen sind persönlich gehalten und wirken vor allem im Kontrast zu dem Parteisprech der anderen Kandidaten. Sie skizziert ein Ideal einer harmonischen Gesellschaft, in der Anders-Sein akzeptiert und Ungleichheit bekämpft wird. Es ist eine wertebasierte Ansprache mit einem mittig-linken Anspruch, verbunden mit Kritik an der amtierenden Regierung und der extremen Rechten. Sie erzielt damit hohe Aufmerksamkeit und viel Sympathie, merkt aber dann später als Regierungschefin, wie sehr diese hohen Ansprüche mit der Regierungspraxis kollidieren.

Im Verlauf der Serie begleiten wir Nyborg auf dem Weg in die Höhen der Macht, und lernen gleichzeitig mit ihr Zwänge und Rahmenbedingungen kennen, die auch unseren

alamy DXCH9T

Die Hauptfigur, die Ministerpräsidentin Birgitte Nyborg mit ihrem Vertrauten und ehemaligen Mentor der moderaten Partei, Bent Sejrø (links) und ihrem Pressesprecher, Kasper Juul (rechts).

moralischen Kompass aus dem Takt bringen oder in Frage stellen. Die Zuschauerinnen und Zuschauer lernen verpackt in dramatische Geschichten mit Charakteren, mit denen wir uns identifizieren, die dänische Politik kennen, darüber hinaus aber grundsätzliche Mechanismen des politischen Betriebs, die so auch in anderen Demokratien ablaufen. Ein ähnliches Erzählmuster findet sich in der dritten Staffel, wo die Gründung einer neuen Partei durch Nyborg uns einiges über die Bedingungen innerparteilicher Demokratie und den mühsamen Aufbau politischer Organisationen vermittelt.

Alamy BWT9AB

Es gibt Parallelen zu der tatsächlichen dänischen Politik: 2011, ein Jahr nach Start der ersten Staffel wird Helle Thorning-Schmidt der sozialdemokratischen Partei die erste weibliche Ministerpräsidentin – wie zuvor Birgitte Nyborg in *Borgen*. Auf dem Bild ist sie mittig zu sehen, zwischen Ed Miliband und Harriet Harman, zwei Abgeordneten der britischen Labour Partei.

Suche nach Regierungsmehrheiten

Es überrascht nicht, dass die Geschichte von *Borgen* in der ersten Staffel mitten im Wahlkampf beginnt und sich dann der Regierungsbildung annimmt. Gerade diese Phasen sind besonders intensiv, voller spannender Höhepunkte (wie beispielsweise TV-Duellen) und verdichten Momente des Politischen, in denen grundsätzliche Entscheidungen getroffen und entscheidende Weichen gestellt werden.

Eine Mehrheit europäischer Staaten verfügt über eine Ausprägung des Verhältniswahlsystems, bei der im Gegensatz zur Mehrheitswahl (wie sie in Großbritannien und den USA existiert) in der Regel am Ende mehr als zwei Parteien im Parlament vertreten sind. Das gibt Wählerinnen und Wählern mehr Auswahlmöglichkeiten, da auch kleinere Parteien es mit ihren spezifischen Themen leichter ins Parlament schaffen können. Zugleich ist der Wechsel zwischen Parteien im rechten und linken Lager einfacher als bei der binären Entscheidung zwischen zwei Parteien, wie beispielsweise in den USA, wo die Ablehnung der jeweils anderen Partei oft eine zu hohe Hürde bildet. Gleichzeitig kommt durch die Auffächerung des Parteiensystems häufig keine einzelne Partei auf eine absolute Mehrheit. Damit ergibt sich die bereits angesprochene Notwendigkeit von Koalitionsregierungen, bei denen die Parteien miteinander sondieren und verhandeln, um genügend Sitze für eine parlamentarische Mehrheit als Stütze für die Regierung zu sammeln.

Besonders die zweite Folge der ersten Staffel stellt die Charakteristika der Regierungsbildung überzeugend, nachvollziehbar und mit großer Spannung dar. Der Titel der Folge »Zähl bis 90« verweist bereits auf das zentrale Kriterium der arithmetischen Mehrheit bei der Regierungsbildung. Es geht darum, genug Abgeordnete hinter einer Regierung zu versammeln, so dass diese sich in ihrer Arbeit auf eine Mehrheit im Parlament stützen kann. 90 Abgeordnete sind bei den 179 Sitzen des *Folketing* die kleinste mögliche Mehrheit. Das entspricht den Modellen der Koalitionsforschung, demnach Parteien versuchen, kleinstmögliche Bündnisse zu schmieden. Einerseits senkt das den Abstimmungs- und Koordinierungsbedarf zwischen den Partnern, andererseits erhöht das die Zahl der Ministerien, die für die an der Koalition beteiligten Parteien vergeben werden können. Gerade die Möglichkeit einen Ministerposten besetzen zu können, bildet einen zentralen Anreiz, sich in eine Koalition zu begeben: Für die individuellen Akteurinnen und Akteure, weil diese Ämter an der Spitze der politischen Hierarchie stehen und machtvolle wie prestigeträchtige Positionen sind; für die Parteien als Organisationen, weil diese Posten es erlauben, programmatische Ziele umzusetzen und Wahlversprechen zu erfüllen.

Birgitte Nyborg ist mit ihren *Moderaten* die klare Gewinnerin der Wahl, da es ihr gelingt, die Zahl ihrer Sitze zu verdoppeln. Wie bereits erwähnt, ist eine Besonderheit in Dänemark, dass in bestimmten Fällen die Königin das Mandat vergibt, sich um eine Regierungsbildung zu bemühen. Nachdem Nyborg in einer Audienz einen entsprechenden Auftrag erhalten hat, macht sie sich an die Arbeit. Sie verfolgt zunächst einen neuen Ansatz, der ihren idealistischen Vorstellungen entspricht. Sie lädt alle Parteien zu Gesprächen ein, unabhängig von deren Nähe oder Distanz zur Position der *Moderaten*. Schnell wird klar, dass dies nicht geschätzt wird, sondern im Gegenteil ihre Stellung schwächt, da andere Akteure versuchen, sie zu manipulieren und ihre Unerfahrenheit auszunutzen. Der Vorsitzende der rechten Freiheitspartei, die wohl am weitesten von den Inhalten von Nyborgs Partei entfernt ist, spricht das ihr gegenüber offen aus (inklusive eines Hinweis zur Sitzordnung am Tisch, um Dominanz als Verhandlungsführerin zu demonstrieren). Damit greift die Serie zwei wichtige Aspekte auf: Einerseits ist das die Ausstrahlung von Macht, d. h. man hat das Heft des Handelns in der Hand und gibt die Richtung vor (hier kommt der »Dreh« des Spindoktors Juul mit seinem Wissen zu medialer Präsentation und öffentlichem Image ins Spiel). Andererseits muss für eine Koalition neben einer arithmetischen Mehrheit eine programmatische Schnittmenge gegeben sein. Letztlich müssen die prospektiven Partner in der Lage sein, sich auf ein gemeinsames Regierungsprogramm zu verständigen.

Durch das als integrierend und mitnehmend gedachte Auftreten verliert Nyborg an Momentum und wirkt zögerlich. In der Konsequenz wittert der abgewählte Premierminister Hesselboe Aufwind und versucht nun umgekehrt, sie als Ministerin in einer Regierung unter seiner Führung einzubinden und sich so im Amt zu halten.

Im Kontext des Hin und Her der Sondierungen illustriert *Borgen* treffend, wie neben dem hervorgehobenen Amt der Regierungschefin die Ministerposten Teil der Verhandlungsmasse darstellen. Einerseits legen die verschiedenen Parteien hier eigenen Prioritäten zu Grunde: So werden Grüne letztlich immer das Umweltministerium anstreben, da sie hier am umfangreichsten ihre Ziele umsetzen können. Aber auch für andere Parteien gilt, dass sie den Ressorts unterschiedliche Gewichte zuschreiben. Andererseits sind diese Ressorts nicht statisch, in den Verhandlungen können Zuschnitte geändert oder neue Aufgabenbereiche geschaffen werden, um Partnerinnen und Partner zufrieden zu stellen. Diese Tatsache lernt Nyborg im Laufe der Verhandlungen und nutzt sie dann selbst geschickt für sich.

Ungewöhnlich und selten in der Realität von Koalitionsbildungen vorzufinden, ist es, dass die *Moderaten* nicht über die meisten Sitze in der gebildeten Regierung verfügen und dennoch am Ende die Regierungschefin stellen – normalerweise reklamiert die stärkste Partei in der gebildeten Regierung dieses Amt für sich, was in der Serie die *Arbeiterpartei* wäre. Allerdings hatte es in dieser Partei kurz zuvor einen Führungswechsel gegeben, was somit als Erklärung

Wikipedia, Antony-22

Der Plenarsaal des dänischen Parlaments *Folketing*.

dienen könnte, dass diese Partei weniger geschlossen und weniger verhandlungsfähig auftritt. Gleichzeitig gilt, dass die *Moderaten* mittig platziert sind. Damit erfüllen sie eine Art Brückenfunktion, bei der eine Vermittlerrolle und verbindende Funktion die Bedeutung einer Partei erhöhen kann – zumal in einer auf Kompromiss und Konsens angelegten Verhandlungsdemokratie wie Dänemark.

Verhältnis Medien und Politik

Ein zentrales Thema der Serie umfasst das Verhältnis von Medien und Politik. Dabei lässt sich gut erkennen, dass *Borgen* der Feder eines öffentlich-rechtlichen Sender entspringt. Ein großer Teil der Serie spielt in der Zentrale eines ebenfalls als staatlich-getragenen Senders konzipierten TV1. Die Journalistinnen und Journalisten Katrine Fønsmark (Birgitte Hjort Sørensen), Torben Friis (Søren Malling) und Hanne Holm (Benedikte Hansen) sind neben Nyborg Hauptcharaktere der Serie. Erzählerisch abgebildet wird das enge, von gegenseitigen Abhängigkeiten geprägte Verhältnis der beiden Sphären Politik und Medien durch die Freundschaft und Liebesbeziehung von Juul und Fønsmark.

alamy 2M0FPD1

Katrine Fønsmark (links) und Birgitte Nyborg (rechts) sind Freundinnen und die beiden weiblichen Hauptcharaktere.

Die sich in der Serie häufiger ereignenden reibungslosen Wechsel aus der Politik in den Journalismus oder aus den Medien in die Politik verdeutlichen die Nähe und die sich ähnelnden Mechanismen der beiden Welten. So wird Fønsmark zwischenzeitlich Beraterin von Nyborg, in der vierten Staffel holt Nyborg sich Rat von ihrem ehemaligen Konkurrenten Laugesen (Peter Mygind), der nun für die Boulevard-Zeitung *Ekspres* arbeitet. Dabei wird die Zeitung und die Arbeit von Laugesen wiederholt genutzt, um den Unterschied von öffentlich-rechtlichen Sendern und Boulevardmedien zu markieren. *Ekspres* wird als krawallig und kampagnen-orientiert dargestellt, Laugesen scheint für seine Arbeit wenig ethische Bedenken zu haben und er versucht alles, um Skandale zur Steigerung der Auflage ins Blatt zu bringen. In den Redaktionssitzungen von TV1 wird hingegen ausführlich über Themen und Gäste diskutiert. Bei der Auswahl der Gäste und der Planung des Programms werden hohe professionelle Standards angelegt und Interessenkonflikte werden thematisiert. TV1 bildet damit ab, was der Produzent der Serie, Ingolf Gabold, als sein Verständnis in einem Interview formulierte: Er verwies auf die besondere Verpflichtung öffentlich-rechtlicher Fernsehsender zur Ausgewogenheit. Anders als profitorientierte Medien finanziert sich ihre Arbeit aus Steuergeldern und Subventionen und sie müssen sich gegenüber Politikerinnen/Politikern und Vertreterinnen/Vertreter gesellschaftlicher Gruppen in den Aufsichtsorganen rechtfertigen.

Auch bei dem Verhältnis von Politik und Medien findet sich regelmäßig das Motiv der Spannung von Moral und Macht. Die Kompetenz der Spindoktoren und Medienberaterinnen liegt gerade darin, ein bestmögliches mediales Bild von ihren Vorgesetzten zu zeichnen. Vor allem in der vierten Staffel wird das aufgegriffen, als Nyborg Laugesen als Berater engagiert, obwohl dieser lange aktiv und hartnäckig gegen sie gearbeitet hat. Er soll ihr helfen, ihre Defizite gerade in der Online-Welt und sozialen Medien auszugleichen. Laugesen spricht offen, ohne Rücksichtnahme und klärt sie nüchtern-strategisch über ihre Optionen auf.

Gut sichtbar wird in diesem Themenfeld, wie Politik und Medien aufeinander angewiesen sind und in gegenseitiger Abhängigkeit stehen. Auf der einen Seite brauchen Politikerinnen und Politiker einen medialen Kanal, um sich und ihre Themen zu präsentieren. Politik wird in unseren modernen Gesellschaften über Fernsehen, Zeitungen und Magazine wahrgenommen und vor allem das Bild oder Image zählt. Politische Akteure müssen sich Regeln und Gesetzmäßigkeit der Medien und der verschiedenen Kanäle anpassen. Deshalb sind Spindoktoren so zentral, da diese Geschichten einen positiven Dreh oder einen überzeugenden Rahmen verpassen können, von dem ihre Chefinnen und Chefs profitieren.

Kasper Juul ist die Personifikation dieses Prinzips. Der Begriff Spindoktor – in etwa als Meinungsmacher zu übersetzen – stammt ursprünglich aus der US-amerikanischen Politik und bezeichnet einen »professionalisierten Politikvermittlungsexperten« oder »PR-Krisenmanager einer Partei«. Beide Begriffe beschreiben das Aufgabenprofil von Kasper Juul treffend. Er ist intensiv in die Regierungsgeschäfte eingebunden und hat Zugang zum engsten Machtzirkel, in Entscheidungssituationen ist er immer anwesend. Er prüft jede Entscheidung, wie sie in den Medien aufgenommen und dargestellt wird. Befürchtet er schlechte Presse oder negative Auswirkungen für Umfrageergebnisse, dann wirbt er für eine Kurskorrektur. Er versucht, in der Fülle des politischen Geschäfts Gewinnerthemen zu identifizieren, die sich für die Beliebtheit der Regierung auszahlen. Dazu betreibt Juul aktive Pressearbeit mit dem Ziel, den öffentlichen Diskurs im Interesse der Regierungschefin zu formen.

Das verweist auf den Zugang, den Journalistinnen und Journalisten benötigen, um Nachrichten zu präsentieren und der Öffentlichkeit ein informiertes und interessantes Programm bieten zu können. Die Berichterstattung wird erst jenseits offizieller Pressekonferenzen interessant und Hintergrundinformationen sind eine wichtige Währung. Auch wenn der Quotendruck bei öffentlich-rechtlichen Sendern

alamy DXCHA3

Die Serie *Borgen* zeigt, welche enge Beziehung Politikerinnen und Politiker mit der Presse haben müssen, um ihre Ziele der Öffentlichkeit präsentieren zu können.

niedriger ausfällt als bei privaten Fernsehstationen, werden diese an der Zuschauerzahl gemessen. Zwar haben sie einen Informations- und Bildungsauftrag, aber Politik muss auch unterhaltsam verpackt werden. Ein großer Neuigkeitswert kann durchaus dazu führen, dass sich Redaktionen von Politikerinnen und Politiker einspannen lassen (selbst wenn sie deren Strategie durchschauen). Gerade der Beginn der Serie illustriert gut, wie das Durchstechen einer vertraulichen Information den politischen Wettbewerb verändert. Die Liberalen verlieren an Zustimmung, der Sender wiederum hat einen aufmerksamkeitserregenden Live-Moment. Die Journalistin Holm weist allerdings später darauf hin, dass in ihren Augen die journalistische Sorgfaltspflicht verletzt wurde, indem Fragen, woher die Information kam und warum sie weitergegeben wurde, nicht ausreichend gestellt wurden und dem Publikum daher wichtiger Kontext vorenthalten wurde.

In der ersten Folge findet sich ein zweites Beispiel. Moderatorin Fønsmark führt ein Interview mit Nyborg, im welchem die Redaktion unangekündigt Michael Laugesen von der Arbeiterpartei, eigentlich ihr Verbündeter, hinzuschaltet, der überraschend einen Kurswechsel in der Asylpolitik verkündet. Diesen kann oder will Nyborg nicht mittragen. Die nicht abgesprochene Aktion setzt Nyborg unter Druck, so dass sie nach der Sendung Fønsmark anfährt: »Man verletzt die Vereinbarungen nicht drei Tage vor der Wahl«. Ihr Berater Juul sanktioniert das, indem er ankündigt, Nyborg werde künftig nicht mehr von der Moderatorin interviewt. Wird gegen unausgesprochene Gesetze verstoßen, kann dies mit Entzug der Kooperationsbereitschaft bestraft werden.

Die Darstellung von Medien und Politik in den ersten drei *Borgen* Staffeln fokussiert dabei die klassischen Medien wie Print und Fernsehen, weder das Internet noch soziale Medien spielen eine herausgehobene Rolle. Politikerinnen und Politiker nutzen vorrangig Kanäle wie Pressekonferenzen und Interviews oder geben Informationen informell an ihnen bekannte Journalisten weiter. Erst in der vierten Staffel spielen soziale Medien eine größere Rolle. Die ältere Nyborg steht hier nun etwas hilflos der jüngeren Premierministerin gegenüber, die die sozialen Medien geschickt zu nutzen weiß, sich direkt und an die Kanäle angepasst an die Öffentlichkeit wendet.

Die Folketingswahl 2011

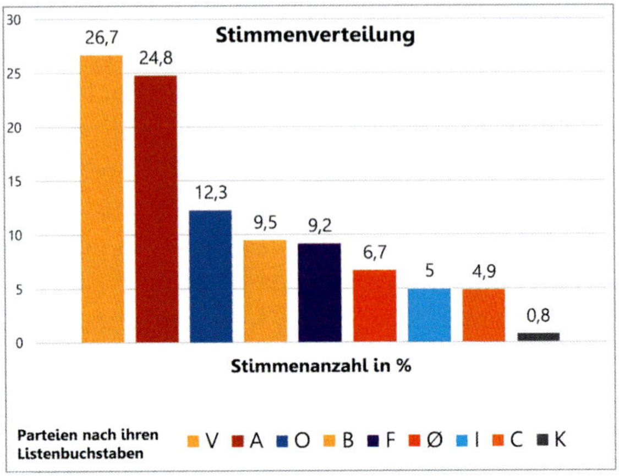

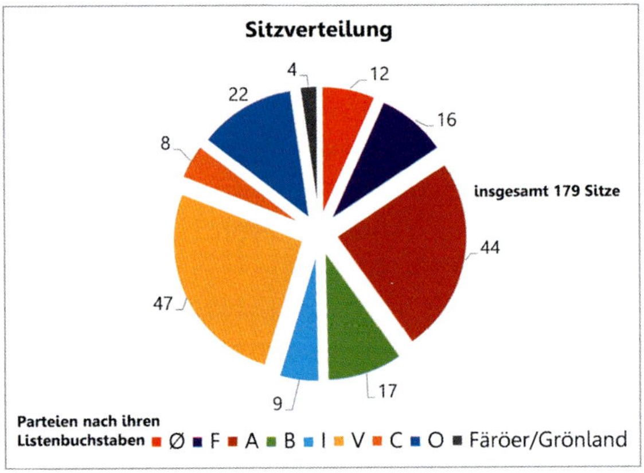

V:
Venstre – Danmarks Liberale Parti

A:
Socialdemokraterne

O:
Dansk Folkeparti

F:
Socialistik Folkeparti

C:
Konservative Folkeparti

B:
Radikale Venstre

I:
Liberal Alliance

Ø:
Enhedslisten – De rød-grønne

K:
Kristendemokraterne

Färöer/Grönland:
Jeweils zwei Abgeordnete aus den nordatlantischen Gebieten des Königreichs Dänemark

Das Wahlergebnis von 2011 bildet mit acht im *Folketing* vertretenen Parteien die Breite des dänischen Parteiensystems ab, welche auch in der Serie gezeigt ist. Zugleich macht das Resultat der Wahl die Bedingungen der Koalitionsbildung deutlich: Obwohl die Venstre-Partei des amtierenden Ministerpräsidenten Lars Løkke Rasmussen stärkste Kraft wurde, löste ein Bündnis aus Sozialdemokraten (A), Sozialliberalen (B) und Sozialistischer Volkspartei (F) sie ab.

Frauen in der Politik

Die Politikerin Nyborg verkörpert das skandinavische Gesellschaftsideal der Gleichberechtigung von Mann und Frau. Sie und ihr Mann Phillip Christensen, Wirtschafts-Professor, machen erfolgreich Karriere und vereinbaren anfangs gleichberechtigt im Alltag Beruf und Familie. Sie holt sich politischen Rat bei ihrem Ehemann, der erkennbar stolz auf ihren Erfolg ist. Nyborg steht sinnbildlich für das Ideal einer selbstbewussten und emanzipierten Frau, die zugleich fürsorgliche Mutter zweier Kinder ist. Allerdings bekommt dieses Idealbild Risse. Die gemeinsamen Zeiten des Paares leiden vermehrt unter Nyborgs beruflichen Verpflichtungen. Durch die intensive Beanspruchung durch die Politik gerät die Beziehung aus der Balance und sie schlittern in eine Ehekrise, die letztlich zur Trennung führt. In der Serie wird das in der ersten Staffel erzählerisch klug umgesetzt: In der zweiten Folge schauen Nyborg und Christensen gemeinsam ein Interview mit dem nur noch kommissarisch amtierenden Ministerpräsidenten Hesselboe und seiner Frau, in dem letztere über ihre Medikamentenabhängigkeit spricht. Hesselboe versucht, den damit verbundenen Skandal herunterzuspielen und Sympathien zu wecken (wobei die Zuschauerinnen und Zuschauer mit dem Blick hinter die Kulissen sehen, dass die Vertrautheit der beiden nur vorgespielt ist). Nyborg und ihr Mann empfinden das Gespräch entsprechend als unehrlich und gestellt. Christensen kommentiert, »Versprich mir, dass wir in zehn Jahren nicht so sind« und Nyborg antwortet scherzhaft, dass sie das schon viel früher schaffen. Tatsächlich finden sich beide einige Zeit später in genau der gleichen Situation wieder: Sie nutzen ein persönliches Paar-Interview, um eine heile Familienwelt vorzuspielen. Dadurch wird nicht

alamy DXCHA4

Gezeigt wird auch, welchen Einfluss Politik als Beruf auf die Familie hat. Zu sehen ist Premierministerin Birgitte Nyborg mit ihrem Ehemann Phillip Christensen.

nur aufgezeigt, wie schlecht sich das familiäre und private Leben in diesen Fällen aus der Öffentlichkeit heraushalten lässt, sondern auch, wie dieses umgekehrt zur Inszenierung genutzt wird, wenn es zur Strategie passt.

Die Serie diskutiert Vorurteile gegenüber Frauen und speziell Politikerinnen an vielen Stellen implizit oder explizit. Beispielsweise wird in der ersten Folge ausführlich erörtert, was Nyborg zur Fernsehdebatte anziehen soll. Das spiegelt, wie Frauen in der Politik häufig auf ihr Aussehen reduziert oder danach bewertet werden. Gleichzeitig werfen die Medien regelmäßig die Frage auf, inwiefern eine Regierungschefin Familie und Beruf vereinbaren kann – bei männlichen Politikern wird diese Frage hingegen nicht gestellt, was die Ungleichbehandlung deutlich macht. Im Ergebnis leuchtet das (echte) gesellschaftliche Vorurteile über Frauen in der Politik aus und das Publikum muss eigene Vorstellungen zu diesen Themen hinterfragen.

In der fünften Folge der ersten Staffel (»Wenn Männer lieben«) wird die Frage der Gleichberechtigung an dem Politikthema der Frauenquote behandelt. Die Regierung will eine Vorgabe für die Aufsichtsräte dänischer Unternehmen schaffen, demnach die Hälfte der Mandate Frauen zustehen. Die Initiative ist Bestandteil der Koalitionsvereinbarung, auf die sich die Regierung stützt. Das Vorhaben erfährt aber Widerstand aus der Wirtschaft. Vor allem der einflussreiche Unternehmer Joachim Crohne engagiert sich dagegen. Nyborg zeigt im Umgang mit ihm ihr Verhandlungsgeschick. Seine Drohung, bei der Einführung der Quote Dänemark mit seinen Unternehmen zu verlassen, sieht sie als Bluff. Zugleich ermöglicht sie ihm, die Umsetzung der Quote in seinem Unternehmen als erstes zu verkünden, so dass er nicht als Verlierer, sondern als Vorreiter dasteht. Entlang des Themas der Quote äußern sich die Figuren der Serie aus verschiedenen Perspektiven vielschichtig zur Rolle der Frau in der Politik und der Gesellschaft. So herrscht in der Redaktion von TV1 ein männlich geprägter sarkastischer Ton vor, insgesamt wird in der Folge immer wieder auf Aussehen und Attraktivität von Frauen verwiesen. Die für das Gesetz zuständige Wirtschaftsministerin Henriette Klitgaard wird vor allem auf ihr Äußeres reduziert und es werden freizügige Fotos von ihr abgedruckt. Dabei wird nicht nur das Thema eines männlich geprägten Blicks auf die Politik und Politikerinnen verhandelt, sondern es geht auch um die Solidarität der weiblichen Figuren untereinander. Exemplarisch hierfür steht der Konflikt zwischen Klitgaard und Pernille Madsen, Ministerin für Soziales und Gleichstellung. Beide teilen das gleiche politische Ziel, sind aber uneins über die Zuständigkeiten, da diese am Ende entscheiden, wer den politischen Erfolg für sich verbuchen kann. In der Folge arbeiten sie mehr gegen- als miteinander.

Ein zentrales Thema der zweiten Staffel ist die Erkrankung von Laura, der Tochter von Birgitte Nyborg, die unter

Ritzau/Alamy 2M0FPCT

Als weibliches Regierungsoberhaupt wird Nyborg immer wieder oberflächlich kommentiert. Sexistische Bemerkungen gehören auch in der Realität zum Alltag von Politikerinnen.

Panikattacken leidet. Durch die psychische Erkrankung wird Nyborg mit den indirekten Vorwürfen der Tochter und der Gesellschaft konfrontiert, als Mutter versagt zu haben. Die Kritik richtet sich vorrangig auf sie als Mutter, was wiederum auf die tiefe Verankerung verweist, vor allem die Mutter als verantwortlich für die Gesundheit des Kindes zu sehen und weniger den Vater. Die Erkrankung bringt Nyborg in eine schwierige Situation, da sie durch die Regierungsgeschäfte permanent eingebunden und gefordert ist. Um genug Zeit für ihre Tochter zu haben, lässt sie sich beurlauben. Dadurch entsteht allerdings ein Machtvakuum, da sie trotz ihrer Abwesenheit weiterhin die oberste Verantwortliche ist und ihre Vertretung nur bedingt für sie zentrale Entscheidungen treffen kann. Zugleich wird erkennbar, wie die Macht nicht nur vom Amt, sondern auch von Personen abgeleitet wird. Die Diskussion über das Für und Wider einer Beurlaubung einer Regierungschefin entwickelt sich weiter zu einer Diskussion über Frauen in der Politik insgesamt, wobei sich schnell frauenfeindliche Töne einschleichen. Das Mitgefühl und der Einsatz für ihre Tochter wird ihr als Nachteil ausgelegt: Erstens sei sie nicht hart genug für das politische Geschäft, zweitens vernachlässige sie das Amt für private Angelegenheiten. Ein Kommentator fragt: »wollen wir eine gute Mutter als Premierministerin?«, wobei in der Frage eine Unvereinbarkeit der beiden Rollen mitschwingt. Nyborg beschäftigt die Kritik sichtlich, sie hat selbst keine klare Antwort auf diese Fragen. Sie tauscht sich mit der Therapeutin ihrer Tochter über ihre Schuldgefühle aus. Gleichzeitig wirft sie ihrem Ex-Mann in einem Streit vor, dass sie jetzt genau die Frau wäre, die er gerne gehabt hätte – also ohne Karriere und mit all ihrer Energie für die Familie. Das wirft diesen wiederum aus der Bahn, da er sich in seiner Vorstellung einer gleichberechtigten Ehe, wie sie anfangs gezeichnet wurde, hinterfragen muss.

Noch schwieriger wird es für sie, als sogar ihre engen Vertrauten, Parteikollege Bent Sejrø und Berater Juul auf sie zukommen, um sie zu überreden, wieder ins Amt zurückzukehren. Sejrø ist vor allem durch die Sorge getrieben, dass die inhaltlichen Erfolge der Regierung gefährdet sind. Juul hat hingegen als Image-Profi bereits die nächste Wahl im Blick und verweist auf die durch ihren zeitweisen Rückzug sinkenden Umfragewerte. Tatsächlich lässt Nyborg sich ultimativ überzeugen und kommt zeitgleich mit der Verabschiedung eines großen Reformpakets der Regierung zurück. Dabei nutzt sie clever die erfolgreiche Abstimmung, um in einem Überraschungscoup Neuwahlen anzukündigen. Einerseits macht sie damit klar, dass sie das Heft des Handelns weiter in der Hand hält. Andererseits knüpft sie in einer Art Referendum die vielen Diskussionen über ihren Regierungsstil zusammen, mit dem sie sich Zustimmung für ihren Kurs und ihre Art der Politik versichern kann.

Zugleich ist die individuelle Erkrankung von Laura erzählerisch geschickt mit der politischen Frage einer

Gesundheitsreform verbunden. Die Regierung plant, private Krankenversicherungen einzuschränken, Nyborg nutzt aber genau dies, um die beste Behandlung für ihre Tochter zur organisieren. Auch diese Diskussion bildet typische Muster ab, bei der Lebensstil von Politikerinnen und Politikern mit den programmatischen Zielen ihrer Parteien in Gegensatz gesetzt werden. Grundsätzlich entzündet sich die Debatte oft am Einkommen, über welches die Abgeordneten selbst entscheiden können. Es findet sich aber auch im Hinblick auf außereheliche Affären christdemokratischer oder bei Flugreisen grüner Politiker und Politikerinnen. Es stellt sich die Frage, inwieweit politische Forderungen selbst gelebt werden müssen? Welche Auswirkungen hat dies auf die Glaubwürdigkeit einzelner Politikerinnen und Politiker?

Fazit

Die Inhalte von *Borgen* können aufgrund ihrer Fülle hier nur ansatzweise wiedergegeben werden, aber die Verbindungslinien zu echten politischen Fragen sollten gut deutlich geworden sein. Der hier gewählte Fokus der Analyse soll nicht verdecken, dass *Borgen* ganz ohne politisches Interesse eine aufregende und spannende Fernseh-Unterhaltung bietet, in der auch Liebe, Familie, Vaterschaft, Verrat und Tod von Charakteren, mit denen wir mitfiebern, verhandelt werden – nur eben vor einem politischen Hintergrund. Ganz nebenbei lernt man einiges über das dänische Parlament und die Regierung, aber

Wikipedia, Johannes Jansson

Der Drehbuchautor Adam Price ist einer der Köpfe hinter dem weltweiten Erfolg von *Borgen*, die unter anderem als beste internationale Fernsehserie ausgezeichnet wurde.

auch Grundsätzliches über Politik. Sehr gut wird deutlich, wie intern Politik gemacht und wie sie nach außen präsentiert wird. Zugleich verstehen wir mehr über den Aufstieg in die höchsten Ämter des Staates und deren Anziehungskraft, wie auch den unvermeidlichen Abstieg – zumindest in Demokratien, wo Macht immer nur auf Zeit geliehen ist. Dabei ist gerade die weibliche Perspektive relevant, durch die sich in der männlich geprägten Politik neue Fragen und Themen auftun. Und die Serie greift zahlreiche politische Themen auf, die einen Anstoß geben, sich über eigene Werte und Einstellungen Gedanken zu machen.